Anton Tschechow

~

Ein Heiratsantrag

Scherz in einem Aufzug

&

Der Bär

Groteske in einem Aufzug

„Wie soll man als russischer Landedelmann seiner Herzdame einen Heiratsantrag unterbreiten, wenn man zu sehr damit beschäftigt ist, mit eben jener über den Besitz von Dörfern und über die Vorzüge der jeweiligen Jagdhunde zu streiten? Schwierig - nimmt es ein gutes Ende? Noch schwerer fällt es in Der `Bär` dem Grobian Smirnow, seine Jelena zu erobern. Dabei kennt er sich mit den Frauen doch so gut aus! Schließlich, so argumentiert er, hat er sich der Damen wegen dreimal duelliert, zwölf Frauen hat er selbst verlassen und neun ihn!" *Redaktion Gröls-Verlag* (Edition I Werke der Weltliteratur)

Redaktionelle Hinweise und Impressum

Das vorliegende Werk wurde zugunsten der Authentizität sehr zurückhaltend bearbeitet. So wurden etwa ursprüngliche Rechtschreibfehler regelmäßig *nicht* behoben, denn kleine Unvollkommenheiten machen das Buch – wie im Übrigen den Menschen – erst authentisch. Mitunter wurden jedoch zum Beispiel Absätze behutsam neu getrennt, um den Lesefluss zu erleichtern.

Wir sind bemüht, ein ansprechendes Produkt zu gestalten, welches angemessenen Ansprüchen an das Preis/Leistungsverhältnis und vernünftigen Qualitätserwartungen gerecht wird. Um die Texte zu rekonstruieren, werden antiquarische Bücher von leistungsfähigen Lesegeräten gescannt und dann durch eine Software lesbar gemacht. Der so entstandene Text wird von Menschen gegengelesen und korrigiert – Hierbei können gelegentlich Fehler auftreten. Wenn Sie ebenfalls antiquarische Texte einreichen möchten, wenden Sie sich für weitere Informationen gerne an

www.groels.de

Informieren Sie sich dort auch gerne über die anderen Werke aus unserer

Edition I Werke der Weltliteratur

Sie werden es mit 98,103 %iger Wahrscheinlichkeit nicht bereuen.

Die Deutsche Nationalbibliothek verzeichnet dieses Werk in der Deutschen Nationalbibliografie.

Verleger: Hermann-Josef Gröls, Poelchaukamp 20, 22301 Hamburg.

Externer Dienstleister für Distribution und Herstellung: BoD, In de Tarpen 42, 22848 Norderstedt

Inhalt

Der Bär

Groteske in einem Aufzug

Aus dem Russischen übertragen
von
Luise Flachs-Fokschaneanu

Personen

Helene Iwánowna Pópow, eine junge Witwe, Gutsbesitzerin.

Grigórji Stepánowitsch Smírnow, Gutsbesitzer.

Luká, Diener bei Frau Popow.

Ein Gärtner. Ein Kutscher. Mehrere Arbeiter.

Ort der Handlung: Das Gut der Frau Popow.

Zeit: Die Gegenwart.

Die Bühne stellt ein elegant eingerichtetes Empfangszimmer dar.

Frau Popow wird vom Dichter als eine junge Witwe mit Grübchen in den Wangen bezeichnet; Smirnow als ein Mann in den mittleren Jahren.

Vorkommende Namen: Nikolai Michailowitsch, Riblów, Kortschágin, Wlássow, Welikán, Tamára, Pelagéja, Simión, Grúsdew, Iroschéwitsch, Kúrzin, Masútow, Dáscha.

Erster Auftritt.

Frau Popow. Luka.

Frau Popow (in tiefer Trauer, sitzt auf dem Sofa rechts, blickt unverwandt eine Photographie an).

Luka. Es ist nicht recht, gnädige Frau... Sie richten sich zugrunde. Die Magd und die Köchin sind Beeren suchen gegangen, alles, was atmet, freut sich des Daseins, selbst die Katze versteht sich auf ihr Vergnügen – schleicht im Hof umher und fängt Vögel; bloß Sie hocken den ganzen Tag im Zimmer, gerade wie in einem Kloster und haben so gar keine

Freude... Ja, wahrhaftig, wenn man genau nachrechnet, haben Sie ein Jahr lang das Haus nicht verlassen.

Frau Popow. Und ich werde es auch niemals verlassen... Wozu? Mein Leben ist abgeschlossen... Er liegt im Grabe, ich habe mich zwischen diesen vier Mauern begraben... Wir sind beide gestorben.

Luka. Da hat man es! Es ist nicht zum Anhören, wirklich wahr! Nikolai Michailowitsch ist gestorben, so war es Gottes Wille, Gott geb' ihm die ewige Ruh'... Sie haben sich gegrämt, nun ist's genug, es ist Zeit, aufzuhören. Man kann nicht ewig weinen und Trauerkleider tragen. Auch mir ist vor Jahren meine Alte gestorben... Ich habe mich gegrämt, einen Monat lang habe ich geweint, und dann war's genug. Kann man denn ewig Klagelieder singen? Das war ja die Alte auch nicht wert. (Er seufzt.) Sie haben alle Nachbarn vergessen... Sie fahren nicht aus und wollen auch niemand empfangen. Wir leben, verzeihen Sie, wie die Spinnen, das liebe Tageslicht sehen wir nicht. Die Livree ist von den Mäusen zerfressen... Und wenn es noch keine guten Menschen gäbe, aber der ganze Umkreis ist voll von Herrschaften... In Riblow steht das Regiment, Offiziere – einfach Konfekt, man kann sich nicht satt sehen! Und im Lager ist an jedem Freitag Ball, und jeden Tag spielt die Militärmusik... Ach, meine liebe, gnädige Frau! So jung und so schön wie Sie sind, Milch und Blut, wenn Sie doch nur Ihrem Vergnügen leben wollten ... die Schönheit ist nicht für immer gegeben! Wenn so zehn Jährchen vorbei sind, dann werden Sie gern paradieren wollen, um die Herren Offiziere daran zu bekommen, aber da wird es zu spät sein.

Frau Popow (entschieden). Ich bitte dich, mir nie mehr davon zu sprechen. Du weißt, daß mein Leben seit dem Tode Nikolai Michailowitschs für mich jeden Wert verloren hat... Du glaubst, ich lebe, aber es scheint dir bloß... Ich habe am Grabe gelobt, diese Trauerkleider nicht abzulegen und fern von der Welt zu leben... Hörst du? Möge seine abgeschiedene Seele sehen, wie ich ihn liebe... Ja, ich weiß, es ist für dich kein Geheimnis – er war oft ungerecht gegen mich, grausam und ... er war mir nicht treu, aber ich werde treu sein bis zum Grabe und ihm beweisen, wie ich zu lieben vermag... Dort im Jenseits wird er mich ebenso finden, wie ich bis zu seinem Tode gewesen...

Luka. Wozu diese Worte ... wenn Sie doch lieber im Garten spazieren gingen oder befehlen wollten, Tobby oder den Welikan vorzuspannen, um die Nachbarn wieder einmal zu besuchen.

Frau Popow (weint). Ach!

Luka. Gnädige Frau! Meine liebe gnädige Frau! Was ist's? Um Christi willen!...

Frau Popow. Er hat Tobby so sehr geliebt! Er ließ ihn immer anspannen, wenn er zu Kortschagins und Wlassows fuhr. Wie herrlich er kutschierte! Wie hübsch er aussah, wenn er aus allen Kräften die Zügel an sich zog! Erinnerst du dich? Tobby, Tobby! Laß ihm heute ein Achtel Hafer mehr geben!

Luka. Zu Befehl.

(Ein heftiges Klingeln.)

Frau Popow (zuckt zusammen). Was ist das? Sage, daß ich niemand empfange!

Luka. Zu Befehl! (Er geht durch die Mitte ab.)

Zweiter Auftritt.

Frau Popow allein.

Frau Popow (die Photographie anblickend). Du wirst sehen, Nikol, wie ich zu lieben und zu verzeihen vermag... Meine Liebe wird mit mir zugleich erlöschen ... wenn mein armes Herz zu schlagen aufhören wird. (Sie lächelt unter Tränen.) Und du schämst dich nicht? Ich bin ein braves, treues Weib, ich habe mich eingekerkert und werde dir treu bleiben bis zum Grabe, und du ... und du ... schämst dich nicht, mein liebes Ungeheuer! Hast mich betrogen, hast mir Szenen gemacht, hast mich lange Wochen allein gelassen...

Luka (tritt in großer Aufregung ein).

Dritter Auftritt.

Frau Popow. Luka.

Luka. Gnädige Frau, es fragt jemand nach Ihnen, will Sie sehen...

Frau Popow. Du hast doch gesagt, daß ich seit dem Tode meines Mannes niemand empfange?

Luka. Das habe ich gesagt, aber er will nichts davon hören, er sagt, es sei eine sehr dringende Angelegenheit.

Frau Popow. Ich em–pfan–ge nicht!

Luka. Das habe ich ihm ja gesagt, er ist ein Wilder, er schimpfte und drang einfach ins Zimmer ein ... er steht schon im Speisezimmer...

Frau Popow (erregt). Gut, laß ihn herein. Welche Zudringlichkeit!

Luka (durch die Mitte ab).

Frau Popow. Wie lästig die Menschen sind! Was wollen sie von mir? Warum stören sie meine Ruhe? (Sie seufzt.) Ja, es ist ganz klar, ich werde wirklich ins Kloster gehen müssen... (Nachdenklich.) Ja, ins Kloster...

Smirnow (tritt ein, gefolgt von Luka).

Vierter Auftritt.

Frau Popow. Luka. Smirnow.

Smirnow (zu Luka). Dummkopf, plapperst zu viel... Esel!... (Frau Popow erblickend, mit Würde.) Meine Gnädige, ich habe die Ehre, mich vorzustellen: Artillerieleutnant außer Dienst, Grundbesitzer, Grigorji Stepanowitsch Smirnow! Bin gezwungen, Sie in einer höchst wichtigen Angelegenheit zu belästigen...

Frau Popow (ohne ihm die Hand zu reichen). Was wünschen Sie?

Smirnow. Ihr seliger Gatte, mit dem ich die Ehre hatte, bekannt zu sein, blieb mir zwei Wechsel im Betrage von zwölfhundert Rubel schuldig. Da ich morgen in der Agrarbank Zinsen zu erlegen habe, möchte ich Sie ersuchen, meine Gnädige, mir das Geld noch heute zu bezahlen...

Frau Popow. Zwölfhundert ... und wofür ist mein Mann Ihnen das schuldig geblieben?

Smirnow. Er hat Hafer von mir gekauft.

Frau Popow (seufzend zu Luka). Luka, vergiß also nicht zu sagen, daß man Tobby ein Achtel Hafer mehr geben soll.

Luka (geht ab).

Frau Popow (zu Smirnow). Wenn Nikolai Michailowitsch Ihnen das schuldig geblieben, so werde ich selbstverständlich bezahlen, aber bitte, entschuldigen Sie, ich habe heute das Geld nicht zur Verfügung. Übermorgen kehrt mein Verwalter aus der Stadt zurück, und ich werde ihn beauftragen, Ihnen zu zahlen, was Ihnen gebührt, aber bis dahin kann ich Ihren Wunsch nicht erfüllen... Überdies sind es gerade heute sieben Monate, daß mein Mann gestorben ist, und ich bin nicht in der Stimmung, mich mit Geldangelegenheiten zu beschäftigen.

Smirnow. Und ich befinde mich in einer Stimmung, daß ich, wenn ich morgen die Zinsen nicht einzahle, mit den Füßen nach oben durch den Schornstein werde fliegen müssen. Man wird mein Gut sequestrieren!

Frau Popow. Übermorgen erhalten Sie das Geld.

Smirnow. Ich brauche das Geld nicht übermorgen, sondern heute.

Frau Popow. Verzeihen Sie, heute kann ich Ihnen nicht zahlen.

Smirnow. Und ich kann bis übermorgen nicht warten.

Frau Popow. Was soll ich aber tun, wenn ich es nicht sofort habe!

Smirnow. Sie können also nicht zahlen?

Frau Popow. Ich kann nicht...

Smirnow. Hm... Ist das Ihr letztes Wort?

Frau Popow. Ja, das letzte.

Smirnow. Das letzte? Endgültig?

Frau Popow. Endgültig.

Smirnow. Danke gehorsamst. Wir wollen uns das merken. (Er zuckt die Schultern.) Und da verlangt man noch, daß ich kaltblütig sei! Der Akzisebeamte begegnete mir soeben auf dem Wege und fragte: »Warum ärgern Sie sich immer, Grigorji Stepanowitsch?« Ja, erbarmen Sie sich, wie soll ich mich denn nicht ärgern? Ich brauche Geld, das Messer steht mir an der Kehle... Gestern früh fuhr ich schon beim ersten Morgengrauen vom Hause fort und war bei allen meinen Schuldnern. Wenn auch nur einer von ihnen seine Schuld bezahlt hätte! Abgeschunden habe ich mich, wie ein Hund, habe, der Teufel weiß wo, in einer jüdischen Schenke übernachtet, neben einem Schnapsfaß... Endlich komme ich hierher, siebzig Werst vom Hause, und hoffe, Geld zu bekommen, und da regaliert man mich mit »Stimmung!« Wie soll ich mich da nicht ärgern?

Frau Popow. Ich glaube, Ihnen deutlich gesagt zu haben: der Verwalter wird aus der Stadt zurückkehren, dann erhalten Sie das Geld.

Smirnow. Ich bin nicht zum Verwalter, sondern zu Ihnen gekommen! Was Teufel, verzeihen Sie den Ausdruck, kümmert mich Ihr Verwalter!

Frau Popow. Entschuldigen Sie, verehrtester Herr, ich bin weder an Ihre sonderbaren Ausdrücke, noch an einen solchen Ton gewöhnt. Ich höre Sie nicht weiter an. (Sie geht rasch nach links ab.)

Fünfter Auftritt.

Smirnow allein.

Smirnow. Was sagt man dazu? Stimmung! Vor sieben Monaten ist der Mann gestorben! Aber muß ich die Zinsen einzahlen oder nicht? Ich frage, muß ich die Zinsen zahlen oder muß ich nicht? Nun ja, der Mann ist gestorben, Stimmung und allerlei Faxen ... der Verwalter, der Teufel hole ihn, ist irgend wohin gefahren, nun, befehlen Sie, was soll ich tun? Soll ich etwa im Luftballon meinen Gläubigern entfliehen? Oder mit dem Kopf die Mauer einrennen? Komme ich zu Grusdew, geruht er nicht zu Hause zu sein, Iroschewitsch hat sich einfach versteckt, mit Kurzin habe ich mich tödlich gezankt und ich hätte ihn beinahe zum Fenster hinausgeworfen, Masutow hat die Cholerine und bei der da – Stimmung! Keine einzige Kanaille will zahlen! Und das alles nur deshalb, weil ich sie alle zu sehr verwöhnt habe, weil ich ein Jammermeyer, ein Waschlappen, ein altes Weib bin! Ich bin zu zartfühlend mit ihnen! Aber wartet nur! Ihr werdet mich kennen lernen! Ich gestatte keinem, mit mir seinen Scherz zu treiben, der Teufel noch einmal! Ich bleibe hier und werde nicht von der Stelle weichen, bis sie zahlt! Brrr!... Wie bös ich heute bin, wie schrecklich bös ich bin! Vor Bosheit zittern mir alle Sehnenbänder und der Atem versagt mir... Pfui, mein Gott! übel, schlecht wird mir sogar. (Er schreit.) Diener!

Luka (tritt ein).

Sechster Auftritt.

Smirnow. Luka.

Luka. Was steht zu Diensten?

Smirnow. Gib mir Kwas oder Wasser!

Luka (geht ab).

Smirnow. Nein, was sagt man dazu! Sie hat es nicht zur Verfügung! Was ist das für eine Logik! Einem Menschen steht das Messer an der Kehle, er braucht Geld, er ist auf dem Sprunge, sich zu erhängen, und sie zahlt nicht, weil sie nicht in Stimmung ist, sich mit Geldangelegenheiten zu beschäftigen. Sieh mal! Echte Frauenlogik, Turnürelogik! Darum habe ich auch nie mit Frauen sprechen wollen, und tue es auch jetzt nicht gern. Mir fällt es leichter, auf einem Pulverfaß zu sitzen, als mit einer Frau zu reden. Brrr!... Eiskalt überläuft es mich, so sehr hat mich diese Turnüre erbost! Ich brauche nur aus der Ferne so ein poetisches Geschöpf zu erblicken, so bekomme ich vor Wut Wadenkrämpfe. Man müßte einfach zu Hilfe! schreien.

Luka (tritt ein).

Siebenter Auftritt.

Smirnow. Luka.

Luka (reicht ihm Wasser). Die gnädige Frau ist krank und empfängt nicht.

Smirnow. Marsch hinaus!

Luka (geht ab).

Smirnow. Krank und empfängt nicht! Ist auch nicht notwendig... Empfange nicht! Ich bleibe und werde hier sitzen, bis du das Geld hergibst... Wirst du eine Woche krank sein, werde ich eine Woche hier sitzen... Wirst du ein Jahr krank sein, werde ich ein Jahr hier bleiben... Gevatterin, ich werde schon mein Geld herausbekommen! Mich rührst du nicht mit den Trauerkleidern, auch nicht mit den Grübchen in den Wangen... Wir kennen diese Grübchen! (Er schreit zum Fenster hinaus.) Simion, spann' aus! Wir fahren nicht so bald fort! Ich bleibe hier. Sag' dort im Stall, man soll den Pferden Hafer geben! Viehkerl, das linke Pferd hat sich schon wieder in die Zügel verwickelt. (Spottet ihm nach.) Tut nichts... Ich werde dir schon zeigen, tut nichts... (Geht vom Fenster weg.) Es ist sehr schlimm ... unerträgliche Hitze, keiner zahlt, diese Nacht habe ich schlecht geschlafen und hier die Trauerschleppe mit Stimmung... Der Kopf schmerzt ... soll ich vielleicht einen Schnaps trinken? Schließlich ... trinken wir einen... (Schreit.) Diener!

Luka (tritt ein). Was wünschen Sie?

Smirnow. Ein Gläschen Schnaps!

Luka (geht ab).

Smirnow (setzt sich und betrachtet seine Kleidung). Uf! Eine nette Figur! Das läßt sich nicht leugnen! Bestaubt, schmutzige

Stiefel, ungewaschen, ungekämmt, Stroh auf der Weste; die Gnädige hat mich einfach für einen Räuber gehalten. (Er gähnt.) Es war etwas unhöflich, in solchem Aufzug in einem Empfangszimmer zu erscheinen, nun ja, tut nichts... Ich bin hier nicht Gast, sondern Gläubiger, und für Gläubiger ist das Kostüm nicht vorgeschrieben.

Luka (kommt mit dem Schnaps). Sie erlauben sich viel, mein Herr...

Smirnow (zornig). Was?

Luka. Ich... Ich habe nichts... Ich habe eigentlich...

Smirnow. Zu wem sprichst du?! Halt den Mund!

Luka (beiseite). So eine Bescherung! Dieses Ungetüm hat sich uns auf den Hals gesetzt. (Er geht ab.)

Smirnow. Ach Gott, wie bös ich bin! So bös, daß ich, scheint mir, die ganze Welt zu Staub zermalmen möchte... Sogar übel wird mir... (Er ruft.) Diener!

Achter Auftritt.

Frau Popow. Smirnow.

Frau Popow (kommt mit gesenkten Augen). Geehrter Herr, ich habe mich in meiner Einsamkeit völlig der Menschenstimmen entwöhnt und kann Geschrei nicht ertragen. Ich bitte Sie dringend, stören Sie meine Ruhe nicht!

Smirnow. Zahlen Sie mir mein Geld und ich reise ab.

Frau Popow. Ich sagte Ihnen bereits in Ihrer Muttersprache: ich habe das Geld jetzt nicht zur Verfügung, warten Sie bis übermorgen.

Smirnow. Auch ich hatte die Ehre, Ihnen in Ihrer Muttersprache mitzuteilen, daß ich das Geld nicht übermorgen, sondern heute brauche. Wenn Sie mir heute nicht zahlen, muß ich mich morgen aufhängen...

Frau Popow. Was soll ich aber tun, wenn ich das Geld nicht habe? Wie sonderbar!

Smirnow. Sie zahlen also nicht sofort? Nicht?

Frau Popow. Ich kann nicht...

Smirnow. Dann bleibe ich hier und werde so lange sitzen, bis ich das Geld bekomme. (Er setzt sich.) Sie werden übermorgen zahlen? Ausgezeichnet! So bleibe ich bis übermorgen. (Springt auf.) Ich frage Sie, muß ich morgen die Zinsen zahlen oder nicht?... Oder glauben Sie, ich scherze?

Frau Popow. Geehrter Herr, ich bitte Sie, nicht zu schreien! Hier ist kein Stall!

Smirnow. Ich frage Sie nicht nach dem Stall, sondern danach, ob ich morgen die Zinsen erlegen muß oder nicht?

Frau Popow. Sie wissen nicht, wie man sich einer Dame gegenüber beträgt.

Smirnow. O doch, ich weiß, mich mit Damen zu benehmen.

Frau Popow. Nein, Sie wissen es nicht. Sie sind ein ungezogener, grober Mensch. Anständige Leute sprechen nicht so mit Damen!

Smirnow. Ach, wie merkwürdig! Wie befehlen Sie denn mit Ihnen zu sprechen? Etwa französisch? (Boshaft lispelnd.) *Madame, je vous prie* ... wie glücklich bin ich, daß Sie mir das Geld nicht bezahlen... Pardon, daß ich Sie gestört habe! Welch herrliches Wetter wir heute haben! Und wie gut Ihnen diese Trauerkleider stehen! (Er macht Kratzfüße.)

Frau Popow. Gar nicht witzig, aber grob!

Smirnow (nachahmend). Nicht witzig, aber grob! Ich weiß mich nicht in Damengesellschaft zu betragen! Meine Gnädigste, ich habe in meinem Leben viel mehr Frauen gesehen als Sie Sperlinge! Dreimal habe ich mich der Frauen wegen duelliert, zwölf Frauen habe ich sitzen lassen, neun haben mich sitzen lassen! Jawohl! Es gab eine Zeit, wo ich den Narren spielte, Honigworte lispelte, Kratzfüße, Komplimente machte... Ich liebte, litt, seufzte den Mond an, zerfloß in Liebesqualen. Ich liebte leidenschaftlich, ich liebte bis zur Raserei, in allen Tonarten, ich schnatterte wie eine Elster über die Emanzipation, vergeudete infolge dieser zarten Gefühle das halbe Vermögen, aber jetzt, hol' mich der Teufel, ist es genug! Gehorsamster Diener, jetzt lasse ich mich nicht mehr von Euch an der Nase herumführen. Genug! »Schwarze Augen, leidenschaftliche Augen, Korallenlippen, Grübchen in den Wangen, Mondenschein, Flüstern, leises, schüchternes

Atmen« – für das alles, meine Gnädige, gebe ich heute auch nicht einen Kupfergroschen! Ich spreche nicht von den Anwesenden, aber alle Frauen, von der kleinsten bis zur größten, sind aufgeblasen, heuchlerisch, klatschsüchtig, gehässig, verlogen vom Wirbel bis zur Zehe; eitel, kleinlich, grausam, von einer empörenden Logik und was das (er schlägt sich auf die Stirn) betrifft, so, verzeihen Sie mir die Aufrichtigkeit, kann ein Sperling einem x-beliebigen Philosophen im Unterrock zehn vorgeben! Sieht man ein solch poetisches Geschöpf vor sich, so glaubt man, ein ätherisches, göttliches Wesen zu erblicken, so wunderschön, ein Hauch und man zerfließt in tausend Entzückungen und Wonnen – sieht man aber in die Seele – so ist es ein gewöhnliches Krokodil! (Er greift eine Stuhllehne, der Stuhl kracht und bricht entzwei.) Das Empörendste ist aber, daß dieses Krokodil sich einbildet, es sei ein *Chef-d'œuvre*, die zarten Gefühle seien sein alleiniges Monopol. Der Teufel hol's, hängen Sie mich da an diesem Nagel mit den Füßen nach oben auf, wenn die Frau außer ihrem Seidenpinsch jemand lieben kann. Wenn sie liebt, versteht sie bloß, zu jammern oder Tränen zu vergießen. Wo der Mann leidet und Opfer bringt, dort äußert sich ihre ganze Liebe darin, daß sie mit der Schleppe hin und her dreht und den Mann an der Nase herumführen will. Sie haben das Unglück, eine Frau zu sein, Sie werden daher die Frauennatur kennen, sagen Sie mir auf Ehr' und Gewissen: haben Sie in Ihrem Leben schon eine Frau gesehen, die aufrichtig, treu und beständig gewesen wäre? Sie haben sie nicht gesehen! Treu und beständig sind einzig und allein die Alten und die Mißgestalteten. Sie werden eher einer gehörnten Katze oder einer weißen Waldschnepfe begegnen als einer treuen Frau!

Frau Popow. Aber erlauben Sie mir, wer ist denn nach Ihrer Meinung treu und beständig in der Liebe? Etwa der Mann?

Smirnow. Jawohl! Der Mann!

Frau Popow. Der Mann! (Sie lacht ironisch.) Der Mann ist treu und beständig in der Liebe! Das ist aber etwas ganz Neues. (Bitter.) Mit welchem Recht behaupten Sie das? Die Männer und treu, beständig! Wenn wir schon soweit gekommen sind, so werde ich Ihnen sagen, daß von allen Männern, die ich gekannt und kenne, der beste mein seliger Mann war... Ich liebte ihn leidenschaftlich, mit allen meinen Gefühlen, wie nur eine junge, denkende Frau lieben kann; ich gab ihm meine Jugend hin, mein Glück, das Leben, mein Vermögen, ich betete ihn an, wie eine Heidin und ... und was geschah? Dieser beste der Männer betrog mich auf Schritt und Tritt in der gewissenlosesten Art. Nach seinem Tode fand ich im Schreibtisch eine volle Lade mit Liebesbriefen und bei Lebzeiten – mir ist es furchtbar, daran zurückzudenken – ließ er mich wochenlang allein, machte er in meiner Gegenwart anderen Frauen den Hof, hinterging er mich, verschwendete mein Geld und spottete über meine Gefühle... Und trotz alledem liebte ich ihn und war ihm treu... Ja noch mehr, er ist gestorben und ich bin ihm noch immer treu. Ich habe mich für ewig zwischen den vier Mauern begraben und bis zum Tode lege ich diese Trauerkleider nicht ab...

Smirnow (lacht verächtlich). Trauerkleider!... Ich begreife nicht, für wen Sie mich halten. Als ob ich nicht wüßte, wozu Sie diesen schwarzen Domino tragen und warum Sie sich in den vier Wänden begraben haben. Ob ich das weiß! Das ist so geheimnisvoll, poetisch! Irgend ein Junker wird an dem Herrenhaus vorbeifahren, oder ein geckenhafter Poet zu den Fenstern hinaufblicken und sich denken: »Hier lebt die geheimnisvolle Tamara, die aus Liebe zu ihrem Gatten sich zwischen den vier Mauern begraben hat.« Wir kennen diese Kunststücke.

Frau Popow (aufspringend). Was? Wie unterstehen Sie sich, mir das alles zu sagen?

Smirnow. Sie haben sich lebendig begraben, Sie haben aber dabei nicht vergessen, Ihr Gesicht zu pudern!

Frau Popow. Wie wagen Sie es nur, mit mir so zu sprechen?

Smirnow. Schreien Sie nicht, ich bitte Sie, ich bin nicht Ihr Verwalter! Gestatten Sie mir die Dinge beim rechten Namen zu nennen. Ich bin keine Frau und bin gewohnt, meine Meinung offen zu äußern! Bitte also, nicht zu schreien!

Frau Popow. Nicht ich schreie, sondern Sie schreien. Lassen Sie mich in Ruh', ich bitte!

Smirnow. Zahlen Sie mir das Geld und ich reise ab.

Frau Popow. Ich werde Ihnen das Geld nicht geben.

Smirnow. Nicht? Sie geben es also nicht?

Frau Popow. Ihnen zum Trotz werden Sie keinen Kopeken bekommen! Sie sollen mich in Ruhe lassen!

Smirnow. Ich habe nicht das Vergnügen, Ihr Gemahl oder Ihr Bräutigam zu sein, und bitte Sie daher, keine Szenen! (Er setzt sich.) Ich vertrage das nicht.

Frau Popow (schwer atmend vor Zorn). Sie setzen sich?

Smirnow. Ich sitze bereits.

Frau Popow. Ich bitte, gehen Sie!

Smirnow. Geben Sie das Geld! (Beiseite.) Ach, wie böse ich bin, wie böse!

Frau Popow. Ich wünsche nicht, mit unverschämten Menschen zu sprechen. Hinaus! (Pause.) Sie gehen nicht? Nein?

Smirnow. Nein.

Frau Popow. Nein?

Smirnow. Nein.

Frau Popow. Gut... (Sie klingelt.)

Neunter Auftritt.

Die Vorigen. Luka.

Frau Popow. Luka, führe diesen Herrn hinaus!

Luka (geht auf Smirnow zu). Mein Herr, gehen Sie doch, wenn man Ihnen befiehlt. Was wollen Sie hier...

Smirnow (aufspringend). Halt das Maul! Mit wem sprichst du? Ich zermalme dich zu Brei!

Luka (faßt sich nach dem Herz). Gerechter Gott! (Er fällt in einen Stuhl.) Ach, mir ist schlecht, ich habe keinen Atem!

Frau Popow. Wo ist Dascha? (Ruft.) Dascha! Pelageja! Dascha! (Sie klingelt.)

Luka. Ach, alle sind Beeren suchen gegangen... Keiner ist zu Hause! Mir ist schlecht! Wasser!

Frau Popow (zu Smirnow). Scheren Sie sich! Fort!

Smirnow. Wollen Sie nicht etwas höflicher sein?

Frau Popow (die Fäuste ballend und mit den Füßen stampfend). Sie sind ein Grobian! Ein grober Bär! Ein Ungeheuer!

Smirnow. Was, wa–as haben Sie gesagt?

Frau Popow. Ich habe gesagt, daß Sie ein Bär, ein Ungeheuer sind!

Smirnow (nähert sich ihr mit raschen Schritten). Aber erlauben Sie mir, welches Recht haben Sie, mich zu beleidigen?

Frau Popow. Ja, ich beleidige Sie. Was ist denn dabei? Sie glauben, daß ich mich vor Ihnen fürchte?

Smirnow. Und Sie glauben wohl, als poetisches Geschöpf haben Sie ein Recht, ungestraft zu beleidigen? Ich fordere Sie!... Da haben Sie es...

Luka. Barmherziger Gott! Wasser!

Smirnow. Es wird duelliert!

Frau Popow. Glauben Sie, weil Sie kräftige Fäuste und einen Stiernacken haben, daß ich Sie fürchte? Sie Grobian!

Smirnow. In die Schranken! Ich erlaube keinem, mich zu beleidigen, und schere mich nicht drum, daß Sie eine Dame, ein zartes Geschöpf sind!

Frau Popow (bemüht sich, ihn zu überschreien). Bär! Bär! Bär!

Smirnow. Es ist endlich Zeit, mit dem alten Vorurteil aufzuräumen, daß nur der Mann verpflichtet sei, für eine Beleidigung Genugtuung zu geben. Wenn Gleichberechtigung, so Gleichberechtigung in allem, zum Teufel noch einmal! In die Schranken.

Frau Popow. Sie wollen sich also duellieren? Bitte!

Smirnow. Sofort!

Frau Popow. Sofort! Mein Mann hatte Pistolen... Ich bringe sie sogleich. (Sie geht eilig ab und wendet sich um.) O, mit welchem Vergnügen werde ich Ihnen die Kugel in die unverschämte Stirn jagen! Der Teufel hole Sie! (Geht ab.)

Smirnow. Wie ein Hühnchen schieße ich sie nieder! Ich bin kein grüner Junge, kein sentimentaler, junger Hund! Für mich gibt es keine zarten Geschöpfe!

Luka. Väterchen, (er fällt auf die Knie) erbarme dich meiner, eines alten Mannes, erweise mir die Gnade und geh' fort von hier! Du hast mich zu Tode erschreckt und jetzt willst du dich noch duellieren!

Smirnow (hört ihn nicht). Duellieren ... darin liegt die Gleichberechtigung, die Emanzipation! Dabei sind beide Geschlechter gleich. Aus Prinzip schieße ich sie nieder. Aber was sagt man zu solch einem Weib (nachahmend) »der Teufel hole Sie! Ich werde die Kugel in Ihre unverschämte Stirn jagen!« Was sagt man dazu? Hat sich ereifert, die Augen blitzten ... sie hat die Forderung angenommen. Bei meiner Ehre, zum erstenmal in meinem Leben sehe ich eine solche Frau!

Luka. Väterchen, geh' fort! Geh' fort von hier!

Smirnow. Das ist eine Frau! Das begreife ich. Ein echtes Weib! Kein weicher Teig, nicht zerflossen, sondern Feuer, Schießpulver, eine Rakete! Es wäre schade, eine solche niederzuschießen!

Luka (weint). Väterchen, geh' fort!

Smirnow. Sie gefällt mir entschieden! Entschieden! Trotz der Grübchen in den Wangen gefällt sie mir. Ich bin sogar bereit, ihr die Schuld nachzusehen ... und der Zorn ist mir vergangen ... eine merkwürdige Frau!

Frau Popow (kommt mit den Pistolen).

Zehnter Auftritt.

Die Vorigen. Frau Popow.

Frau Popow. Da sind die Pistolen ... aber ehe wir uns duellieren, zeigen Sie mir, bitte, wie man schießen muß... Ich habe noch nie im Leben eine Pistole in der Hand gehalten.

Luka. Gott sei uns gnädig und erbarme dich unser! Ich gehe und hole den Gärtner und den Kutscher... Woher ist nur dieses Unheil über uns gekommen? (Er geht ab.)

Smirnow (betrachtet die Pistolen). Sehen Sie, es gibt verschiedene Sorten von Pistolen... Es gibt speziell Duellpistolen von Mortimer, mit Kapseln. Aber das sind Revolver System Smith und Wesson, mit einem Extraktor ...

herrliche Pistolen. So ein Paar kostet mindestens neunzig Rubel... So muß man den Revolver halten... (Beiseite.) Diese Augen, diese Augen! Ein feuriges Weib!

Frau Popow. So?

Smirnow. Ja, so ... dann ziehen Sie den Hahn auf ... da... So legen Sie an... Den Kopf ein wenig zurück... Strecken Sie gefälligst den Arm fest aus! So ... dann drücken Sie mit diesem Finger auf das Ding da, und das ist alles. Die Hauptregel ist aber: nicht aufgeregt sein, sich nicht beeilen beim Zielen und darauf achten, daß die Hand nicht zittere.

Frau Popow. Gut. Im Zimmer ist es unbequem zu schießen, gehen wir in den Garten.

Smirnow. Gehen wir. Ich mache Sie jedoch darauf aufmerksam, daß ich in die Luft schießen werde.

Frau Popow. Das fehlte noch. Warum?

Smirnow. Weil ... weil ... das ist meine Sache, warum!

Frau Popow. Sie haben Angst bekommen! Ja? A-a-h? Nein, mein Herr, nur keine Ausflüchte! Bitte, folgen Sie mir! Ich werde mich nicht eher beruhigen, bis ich Ihre Stirn durchbohrt haben werde, diese Stirn, die ich so sehr hasse. Sie haben Angst bekommen?

Smirnow. Ja, ich habe Angst bekommen.

Frau Popow. Sie lügen. Warum wollen Sie sich nicht schlagen?

Smirnow. Weil ... weil ... weil Sie mir gefallen.

Frau Popow (mit bösem Lachen). Ich gefalle ihm! Er wagt es zu sagen, daß ich ihm gefalle! (Sie zeigt nach der Tür.) Gehen Sie!

Smirnow (legt schweigend den Revolver auf den Tisch, nimmt den Hut und geht; an der Tür bleibt er stehen; eine Weile sehen sie sich schweigend an, dann nähert er sich unschlüssig). Hören Sie ... sind Sie noch böse?... Ich war auch teufelswütend, aber verstehen Sie mich nur recht ... wie soll ich mich nur ausdrücken?... Die Sache ist nämlich die ... daß solche Geschichten eigentlich... (Er schreit.) Nun ja, ist es denn meine Schuld, daß Sie mir gefallen? (Ergreift die Stuhllehne, der Stuhl kracht und bricht entzwei.) Der Teufel weiß, was für gebrechliche Möbel Sie haben! Sie gefallen mir! Verstehen Sie? Ich... Ich bin fast verliebt!

Frau Popow. Fort von mir, ich hasse Sie!

Smirnow. Gott! Welch ein Weib! Ich habe nie im Leben so etwas Ähnliches gesehen! Ich bin verloren, ruiniert! Ich bin in die Mausefalle geraten, wie eine Maus!

Frau Popow. Gehen Sie, oder ich schieße!

Smirnow. Schießen Sie! Sie können nicht begreifen, welches Glück es ist, unter den Blicken dieser herrlichen Augen zu sterben, zu sterben durch den Revolver, den dieses kleine Sammethändchen hält... Ich bin verrückt geworden! Bedenken Sie und entscheiden Sie sofort, denn wenn ich jetzt von Ihnen gehe, sehen wir uns nie wieder. Entscheiden Sie, sprechen Sie... Ich bin von Adel, ein anständiger Mensch, habe Zehntausend jährlich Einkommen... Treffe mit dem Gewehr eine Münze, die in die Luft geworfen wird... Ich besitze herrliche Pferde. Wollen Sie meine Frau werden?

Frau Popow (empört, schwingt den Revolver). Schießen! In die Schranken.

Smirnow. Ich bin um den Verstand gekommen... Ich begreife nichts. Diener! Wasser!

Frau Popow (schreit). In die Schranken!

Smirnow. Ich habe meinen Verstand verloren ... ich habe mich verliebt, wie ein grüner Junge, wie ein Narr verliebt! (Er ergreift ihre Hand, sie schreit vor Schmerz auf.) Ich liebe Sie! (Er kniet nieder.) Ich liebe Sie, wie ich noch nie geliebt habe! Zwölf Frauen habe ich sitzen lassen, neun sind mir untreu geworden, aber keine einzige von ihnen habe ich so geliebt wie ich Sie liebe. Ich bin besiegt, verloren, ich liege auf den Knieen wie ein Narr und biete Ihnen die Hand an... Schmach und Schande! Fünf Jahre lang habe ich mich nicht verliebt, ich habe es mir gelobt und nun bin ich mit einem Mal hineingeraten, wie die Deichsel in einen fremden Kutschkasten! Ich biete Ihnen die Hand an, Ja oder nein? Wollen Sie nicht? Dann nicht. (Er steht auf und geht schnell zur Tür.)

Frau Popow. Warten Sie...

Smirnow (bleibt stehen). Nun?

Frau Popow. Nichts... Sie können gehen! Übrigens, warten Sie! Nein, gehen Sie, gehen Sie! Ich hasse Sie! Oder nein! Gehen Sie nicht fort! Ach, wenn Sie wüßten, wie böse ich bin, wie böse! (Sie wirft den Revolver auf den Stuhl.) Die Finger sind mir angeschwollen von diesem Ekel... (Sie zerreißt vor Zorn ihr Taschentuch.) Was stehen Sie noch da? Packen Sie sich!

Smirnow. Leben Sie wohl!

Frau Popow. Ja, ja, gehen Sie nur! (Schreit.) Wohin gehen Sie denn? Warten Sie... Übrigens gehen Sie... Ach, wie böse ich bin! Kommen Sie nicht zu nahe, kommen Sie nicht zu nahe, kommen Sie mir nicht näher!

Smirnow (nähert sich ihr). Wie ich mich über mich selbst ärgere! Wie ein Gymnasiast habe ich mich verliebt, auf den Knieen habe ich gelegen ... mich überläuft es eiskalt... (Streng.) Ich liebe Sie! Das hat mir gefehlt, ich habe es notwendig gehabt, mich zu verlieben! Morgen muß ich Zinsen zahlen, die

Heuernte hat begonnen und da erscheinen Sie. (Er faßt sie um die Taille.) Ich werde es mir nie verzeihen!

Frau Popow. Weg! Die Hände weg! Ich hasse... Sie!... In die Schranken! (Langer Kuß.)

Elfter Auftritt.

Die Vorigen. Luka. Gärtner. Kutscher. Arbeiter.

Luka (mit einer Axt).

Gärtner (mit einem Rechen).

Kutscher (mit einer Heugabel).

Arbeiter (mit Stangen).

Luka (erblickt das sich küssende Paar). Gerechter Gott! (Pause.)

Frau Popow (die Augen senkend). Luka, sag' im Stall, daß Tobby heute gar keinen Hafer bekommen soll.

Ein Heiratsantrag

Scherz in einem Aufzug

Aus dem Russischen übertragen
von
Luise Flachs-Fokschaneanu

Personen

Stepán Stepánowitsch Tschubúkow, Gutsbesitzer.

Natália Stepánowna, seine Tochter. (25 Jahre alt.)

Iwán Wassíljitsch Lómow, Tschubukows Nachbar.

Ort der Handlung: Tschubukows Landsitz in Rußland.

Zeit: Die Gegenwart.

Rechts und links vom Schauspieler.

Vorkommende Namen: Nastásia Michaílowna, Ugadái, Mikónow, Otkatái, Sapragája, Staméski, Marúskin, Raswachái, Desjatín, Natáscha.

Erster Auftritt.

Tschubukow. Dann Lomow im Frack und in weißen Handschuhen.

Tschubukow (geht ihm zur Begrüßung entgegen). Liebster! Wen sehe ich da! Iwan Wassiljitsch! Höchst erfreut! (Drückt ihm die Hand.) Ist das aber eine Überraschung, mein Gutester... Wie geht es Ihnen?

Lomow. Ich danke Ihnen. Und Sie, wie befinden Sie sich?

Tschubukow. Na, es geht, mein Bester. Bitte ergebenst, setzen Sie sich... Es ist nicht in der Ordnung, mein Lieber, seine Nachbarn zu vergessen. Aber, mein Liebster, warum sind Sie denn so feierlich? Im Frack, in Handschuhen und dergleichen. Fahren Sie denn irgend wohin zu Besuch, mein Schätzbarster?

Lomow. Nein. Ich komme bloß zu Ihnen, geehrter Stepan Stepanowitsch.

Tschubukow. Weshalb dann im Frack, Bester? Gerade wie bei einer Neujahrsvisite!

Lomow. Sehen Sie, es handelt sich darum. (Er faßt ihn unter.) Ich bin zu Ihnen gekommen, verehrter Stepan Stepanowitsch, um Sie mit einer Bitte zu belästigen... Es ist nicht das erste Mal, daß ich die Ehre habe, mich an Sie um Hilfe zu wenden, und stets haben Sie, sozusagen ... aber verzeihen Sie, ich bin aufgeregt. Ich werde erst Wasser trinken, verehrter Stepan Stepanowitsch. (Er trinkt.)

Tschubukow (beiseite). Er ist gekommen, Geld zu borgen! Ich werde keines geben! (Zu Lomow.) Um was handelt es sich denn, Bester?

Lomow. Sehen Sie ... geehrt ... Stepanitsch ... entschuldigen Sie, Stepan, Stepan – Geehrtewitsch ... das heißt, ich bin schrecklich aufgeregt, wie Sie gefälligst sehen wollen... Mit einem Wort, Sie allein können mir helfen, obgleich ich es durchaus nicht verdient habe und ... und nicht das Recht habe, Ihre Hilfe in Anspruch zu nehmen.

Tschubukow. Ach, machen Sie keine Umschweife, mein Herzchen! Sagen Sie rund heraus! Nun?

Lomow. Sofort... Im Augenblick. Die Sache ist die: Ich bin gekommen, um die Hand Ihrer Tochter Natalia Stepanowna zu bitten.

Tschubukow (freudig). Engelchen! Iwan Wassiljitsch! Wiederholen Sie das noch einmal – ich habe nicht gut gehört!

Lomow. Ich habe die Ehre, zu bitten...

Tschubukow (ihn unterbrechend). Mein Täubchen, ich bin so erfreut und dergleichen, das ist es eben und dergleichen. (Er umarmt und küßt ihn.) Ich habe es ja längst gewünscht. Es war immer mein Wunsch (er zerdrückt eine Träne) und ich liebte Sie stets, mein Teuerster, wie meinen eigenen Sohn. Gott gebe euch beiden seinen Segen und seine Gnade und dergleichen ... ich habe es mir immer gewünscht ... aber warum stehe ich denn da, wie ein Tölpel? Ich bin vor Freude verblüfft, ganz verblüfft! Ach, von ganzer Seele... Ich gehe Natascha rufen und dergleichen.

Lomow (gerührt). Geehrter Stepan Stepanitsch, was meinen Sie, darf ich auf die Einwilligung Natalia Stepanownas hoffen?

Tschubukow. Wirklich ein so schöner Mann und ... und da soll sie auf einmal nicht einwilligen! Verliebt wie eine Katze und dergleichen ... sofort! (Er geht nach rechts ab.)

Zweiter Auftritt.

Lomow allein.

Lomow. Mir ist kalt... Ich zittere am ganzen Leibe, wie vor dem Examen. Die Hauptsache ist, man muß sich entschließen. Wenn man lange bedenkt, schwankt, viel spricht, auf ein Ideal oder auf die echte Liebe wartet, verheiratet man sich niemals. Brrr!... Es ist kalt! Natalia Stepanowna ist eine vorzügliche Wirtin, ist auch nicht übel, ist gebildet ... was brauche ich denn noch? Es rauscht mir vor Aufregung in den Ohren. (Er trinkt Wasser.) Und nicht heiraten, das geht nicht... Erstens bin ich schon fünfunddreißig Jahre alt – ein kritisches Alter, sozusagen. Zweitens bedarf ich eines geordneten, regelmäßigen Lebens... Ich habe einen Herzfehler, beständiges Herzklopfen, ich bin empfindlich und gerate immer in furchtbare Aufregung. Sofort zittern mir die Lippen und auf der rechten Schläfe zuckt der Puls... Aber das

Allerschrecklichste ist der Schlaf. Kaum habe ich mich ins Bett gelegt und beginne einzuschlummern, da zerrt und zupft plötzlich etwas an der linken Seite! und just in der Schulter und im Kopf hämmert etwas... Ich springe wie ein Verrückter auf, gehe eine Weile umher, dann lege ich mich wieder, aber kaum bin ich ein wenig eingeschlafen, habe ich wieder einen Krampf an der Seite! Und so geht es an die zwanzig Mal...

Natalia Stepanowna (kommt von rechts).

Dritter Auftritt.

Natalia Stepanowna. Lomow.

Natalia Stepanowna. Ach so! Das sind Sie, und Papa sagt: geh', ein Händler ist gekommen, Ware kaufen. Guten Tag, Iwan Wassiljitsch.

Lomow. Guten Tag, geehrte Natalia Stepanowna!

Natalia Stepanowna. Entschuldigen Sie, ich habe die Schürze an und bin im Hauskleid... Wir reinigen Schoten zum Trocknen. Warum sind Sie so lange nicht bei uns gewesen?

Setzen Sie sich... (Sie setzen sich.) Wollen Sie etwas zum Frühstück nehmen?

Lomow. Nein, ich danke Ihnen, ich habe schon gegessen.

Natalia Stepanowna. Rauchen Sie ... da sind Zündhölzer... Das Wetter ist herrlich und gestern hat es so stark geregnet, daß die Arbeiter den ganzen Tag nichts tun konnten. Wie viel Schober haben Sie geschnitten? Denken Sie sich nur, ich bin sehr habgierig und habe die ganze Wiese abmähen lassen und jetzt ärgere ich mich darüber, ich fürchte, mein Heu verfault mir. Es wäre besser gewesen, ich hätte gewartet. Ja, was ist denn das? Mir scheint gar, Sie sind im Frack? Das Allerneueste! Gehen Sie am Ende auf einen Ball? Nebenbei bemerkt, Sie sind etwas hübscher geworden... Wahrhaftig ... warum sind Sie so herausgeputzt?

Lomow (aufgeregt). Sehen Sie, geehrte Natalia Stepanowna... Es handelt sich darum, daß ich mich entschlossen habe, Sie zu bitten, mich anzuhören... Natürlich werden Sie sich wundern und sogar böse sein, aber ich... (Beiseite.) Wie schrecklich kalt es ist!

Natalia Stepanowna. Um was handelt es sich? (Pause.) Nun?

Lomow. Ich werde mir Mühe geben, mich kurz zu fassen. Verehrte Natalia Stepanowna, es ist Ihnen bekannt, daß ich schon lange, seit meiner Kindheit, die Ehre habe, Ihre Familie zu kennen. Meine selige Tante und ihr Gemahl, von denen ich, wie Sie wissen, das Grundstück geerbt, hatten stets die größte Achtung vor Ihrem Vater und Ihrer seligen Frau Mutter. Das Geschlecht der Lomows und das Geschlecht der Tschubukows standen seit jeher in den freundschaftlichsten, sozusagen verwandtschaftlichen Beziehungen zueinander, überdies grenzt, wie Sie zu wissen belieben, mein Grundstück eng an das Ihrige. Wenn Sie sich gütigst erinnern wollen, stoßen meine Ochsenwiesen hart an Ihren Birkenwald.

Natalia Stepanowna. Entschuldigen Sie, ich muß Sie unterbrechen. – Sie sagen »***meine*** Ochsenwiesen« ... ja, sind das denn auch die Ihrigen?

Lomow. Ja, sie gehören mir...

Natalia Stepanowna. So? So etwas! Die Ochsenwiesen gehören uns und nicht Ihnen!

Lomow. Nein – ***mir***, verehrte Natalia Stepanowna!

Natalia Stepanowna. Das ist für mich etwas ganz Neues! Wie gehören sie denn Ihnen?

Lomow. Was – wie? Ich rede von jenen Ochsenwiesen, die zwischen Ihrem Birkenwald und der Ziegelerde eingekeilt liegen.

Natalia Stepanowna. Nun ja, eben diese ... gehören uns...

Lomow. Nein, Sie irren sich, verehrte Natalia Stepanowna, sie gehören mir.

Natalia Stepanowna. Erinnern Sie sich nur genau, Iwan Wassiljitsch! Ist es schon lange her, daß Sie dieselben erworben haben?

Lomow. Wie lange? Soweit ich mich an mich selbst erinnern kann, gehörten sie immer uns.

Natalia Stepanowna. Nun, dem ist also nicht so. Sie entschuldigen schon!

Lomow. Das geht aus den Papieren hervor, verehrte Natalia Stepanowna. Die Ochsenwiesen wurden mir schon einmal – das ist wahr – streitig gemacht, jetzt aber ist es allen bekannt, daß sie mir gehören. Da gibt es nichts zu streiten. Hören Sie gefälligst: Die Großmutter meiner Tante hat diese Wiesen für eine unbestimmte Zeit zur unentgeltlichen Benutzung den Bauern des Großvaters Ihres geehrten Vaters dagegen zur Verfügung gestellt, daß für die Großmutter die Ziegel gebrannt werden. Die Bauern des Großvaters Ihres geehrten Vaters benutzten die Wiesen ungefähr vierzig Jahre unentgeltlich und gewöhnten sich daran, dieselben als ihr Eigentum anzusehen, später aber, als der Ukas kam...

Natalia Stepanowna. Es ist gar nicht so, wie Sie erzählen? Auch mein Großvater und Urgroßvater waren davon überzeugt, daß ihre Grundstücke sich bis zu den Sümpfen erstreckten – das heißt also, die Ochsenwiesen gehörten uns. Was gibt es da zu streiten? Ich begreife gar nicht... Es ist wirklich ärgerlich.

Lomow. Ich werde Ihnen die Dokumente zeigen, Natalia Stepanowna.

Natalia Stepanowna. Nein, Sie scherzen ganz einfach oder Sie ziehen mich auf... Eine schöne Bescherung! Wir besitzen den Grund seit nahezu dreihundert Jahren und plötzlich macht man uns die Mitteilung, daß er nicht uns gehört! Iwan Wassiljitsch, verzeihen Sie, aber ich traue meinen Ohren nicht... Für mich haben diese Wiesen einen geringen Wert. Es sind im ganzen fünf Desjatin und sie haben den Wert von ein paar hundert Rubel, etwa 300 Rubel, aber mich empört die Ungerechtigkeit. Sagen Sie, was Sie wollen, aber Ungerechtigkeit kann ich nicht ertragen.

Lomow. Hören Sie bis zu Ende, ich flehe Sie an! Die Bauern des Großvaters Ihres geehrten Vaters, wie ich schon die Ehre hatte, Ihnen zu sagen, brannten für die Großmutter meiner Tante Ziegel. Die Großmutter der Tante wollte ihnen etwas Angenehmes...

Natalia Stepanowna. Großvater, Großmutter, Tante... Ich verstehe von all dem nichts! Die Wiesen gehören uns und Punktum.

Lomow. Nein, mir!

Natalia Stepanowna. Uns! Wenn Sie auch zwei Tage lang beweisen, und wenn Sie fünfzehn Fräcke anlegen, so sind sie doch unsere, unsere, unsere!... Was Ihnen gehört, begehre ich nicht, aber ich wünsche auch nicht, das zu verlieren, was mir gehört!

Lomow. Natalia Stepanowna, ich brauche nicht die Wiesen, ich tue es doch nur aus Prinzip. Wenn es angenehm ist, so bitte ... ich schenke sie Ihnen.

Natalia Stepanowna. Ich kann sie ***Ihnen*** schenken, denn sie gehören mir!... Das ist doch sehr sonderbar, Iwan Wassiljitsch! Wir haben Sie bisher für einen guten Nachbarn gehalten, für einen Freund, vergangenes Jahr überließen wir Ihnen unsere Dreschwalze und konnten deshalb unser Getreide erst im November zu Ende mahlen und Sie behandeln uns wie die

Zigeuner. Sie schenken mir mein eigenes Grundstück. Entschuldigen Sie, so handeln Nachbarn nicht. Nach meiner Meinung ist es sogar eine Kühnheit ... wenn Sie wollen...

Lomow. Nach Ihrer Ansicht bin ich also ein Usurpator? Meine Gnädige, niemals habe ich mir fremde Grundstücke angeeignet und ich gestatte niemandem, mich dessen zu beschuldigen... (Er geht rasch zur Flasche und trinkt Wasser.) Die Ochsenwiesen sind mein!

Natalia Stepanowna. Es ist nicht wahr! Unser!

Lomow. Mein!

Natalia Stepanowna. Nicht wahr! Ich werde es Ihnen beweisen! Heute noch schicke ich meine Schnitter auf diese Wiesen!

Lomow. W–a–as?

Natalia Stepanowna. Heute werden meine Schnitter dort sein!

Lomow. Und ich werde sie fortjagen!

Natalia Stepanowna. Unterstehen Sie sich!

Lomow (greift nach seinem Herzen). Die Ochsenwiesen sind mein, verstehen Sie, mein!

Natalia Stepanowna. Ich bitte, schreien Sie nicht! Sie können bei sich zu Hause schreien und vor Wut schnauben, aber hier, bitte ich, sich in gewissen Grenzen zu halten!

Lomow. Meine Gnädige, hätte ich nicht so furchtbares, quälendes Herzklopfen und hämmerten mir nicht die Adern in den Schläfen, so spräche ich anders mit Ihnen! (Schreit.) Die Ochsenwiesen gehören mir!

Natalia Stepanowna. Uns!

Lomow. Mir!

Tschubukow (kommt von rechts).

Vierter Auftritt.
Die Vorigen. Tschubukow.

Tschubukow. Was gibt es hier? Weshalb schreit ihr?

Natalia Stepanowna. Papa, erkläre du, bitte, diesem Herrn. Wem gehören die Ochsenwiesen: uns oder ihm?

Tschubukow (zu Lomow). Schätzchen, die Wiesen gehören uns!

Lomow. Aber erbarmen Sie sich, Stepan Stepanowitsch, wie gehören sie denn Ihnen? Seien ***Sie*** wenigstens ein räsonnabler Mensch! Die Großmutter meiner Tante hat die Wiesen für eine gewisse Zeit zur unentgeltlichen Benutzung den Bauern Ihres Großvaters überlassen. Die Bauern benutzten den Grund vierzig Jahre lang und gewöhnten sich an ihn wie an ihren eigenen, als aber der Ukas erschien...

Tschubukow. Erlauben Sie, Wertester... Sie vergessen, daß gerade die Bauern Ihrer Großmutter nicht gezahlt haben und dergleichen, weil wegen der Wiesen gerade damals Prozeß geführt wurde und dergleichen... Und jetzt weiß jeder Hund, daß sie uns gehören. Sie haben den Plan nicht gesehen!

Lomow. Und ich werde Ihnen beweisen, daß sie mir gehören.

Tschubukow. Beweisen Sie es nicht, mein Liebling.

Lomow. Nein, ich werde es beweisen!

Tschubukow. Teuerster, warum denn so schreien? Gerade durch Schreien werden Sie am wenigsten beweisen. Ich verlange nicht das Ihrige und habe nicht die Absicht das Meinige abzutreten. Warum auch? Ist es schon so weit gekommen, mein Liebster, beabsichtigen Sie wirklich, uns die Wiesen zu bestreiten und dergleichen, dann schenke ich sie lieber den Bauern als Ihnen! Ganz gewiß!

Lomow. Ich begreife nicht! Welches Recht haben Sie überhaupt, fremdes Eigentum zu verschenken?

Tschubukow. Sie gestatten mir wohl, zu wissen, ob ich das Recht dazu habe oder nicht. Junger Mann, ich bin nicht gewohnt, daß mit mir in diesem Ton gesprochen wird und dergleichen. Ich, junger Mann, bin zweimal so alt wie Sie und bitte, zu mir ruhig zu sprechen und dergleichen.

Lomow. Nein, Sie halten mich zum Narren und machen sich lustig über mich! Sie nennen mein Grundstück das Ihrige und wollen, daß ich dabei gleichmütig bleiben und zu Ihnen menschlich sprechen soll. So gehen gute Nachbarn nicht vor,

Stepan Stepanowitsch! Sie sind kein Nachbar, ein Usurpator sind Sie!

Tschubukow. Wa–as? Was haben Sie gesagt?

Natalia Stepanowa. Papa, schicke sofort die Schnitter auf die Wiesen!

Tschubukow (zu Lomow). Was haben Sie gesagt, geehrter Herr?

Natalia Stepanowna. Die Ochsenwiesen gehören uns und ich trete sie nicht ab, ich trete sie nicht ab, ich trete sie nicht ab!

Lomow. Das wollen wir noch sehen! Ich werde es Ihnen vor Gericht beweisen, daß sie mir gehören!

Tschubukow. Vor Gericht. Sie können klagen bei Gericht, geehrter Herr, und dergleichen, Sie können! Ich kenne Sie, Sie warten auf eine Gelegenheit, Prozesse zu führen und dergleichen... Ein Intrigant sind Sie! Ihre ganze Familie hat immer Händel gesucht! Die ganze!

Lomow. Ich bitte, meine Familie nicht zu beleidigen. Alle vom Geschlecht der Lomows waren ehrlich, und es hat keinen einzigen gegeben, der wegen Veruntreuung vor Gericht gezogen wurde, wie Ihr Onkelchen!

Tschubukow. Und in Ihrer Lomowschen Familie waren alle verrückt!

Natalia Stepanowna. Alle, alle, alle!

Tschubukow. Ihr Großvater war ein periodischer Säufer, und die jüngere Tante, die Nastasia Michailowna, ist mit einem Architekten durchgegangen, und dergleichen.

Lomow. Und Ihre Mutter hat gehinkt. (Er greift nach dem Herzen.) An der Seite zuckt es ... im Kopf hämmert es ... Vater im Himmel!... Wasser!

Tschubukow. Und Ihr Papachen war ein Kartenspieler und ein Vielfraß!

Natalia Stepanowna. Ihre Tante eine Klatscherin, wie es deren wenige gibt!

Lomow. Mir ist das linke Bein gelähmt... Und Sie sind ein Intrigant ... ach, das Herz!... Und es ist für niemand ein

Geheimnis, daß Sie bei den Wahlen geschwindelt... Es flimmert mir vor den Augen... Wo ist mein Hut?

Natalia Stepanowna. Wie niedrig! Lügner! Abscheulicher!

Tschubukow. Sie selber sind eben ein tückischer, heuchlerischer und verlogener Mensch! Ja–a!

Lomow. Da ist der Hut... Das Herz... Wohin soll ich gehen? Wo ist die Tür? Ach! mir scheint, ich sterbe... Ich kann nicht, die Beine schlottern... (Er geht zur Tür.)

Tschubukow (folgt ihm). Daß Ihr Fuß mein Haus nicht mehr betrete!

Natalia Stepanowna. Klagen Sie bei Gericht! Wir wollen sehen.

Lomow (geht wankend durch die Mitte ab).

Fünfter Auftritt.

Tschubukow. Natalia Stepanowna.

Tschubukow (zornig). Zum Teufel!

Natalia Stepanowna. So ein Taugenichts! Da soll man noch an gute Nachbarn glauben!

Tschubukow. Schuft! Vogelscheuche! Scheusal!

Natalia Stepanowna. So eine Mißgeburt, eignet sich ein fremdes Grundstück an und wagt es noch, zu streiten.

Tschubukow. Und dieses Gespenst, dieser Hühnerfuß untersteht sich noch, einen Heiratsantrag zu machen, und dergleichen.

Natalia Stepanowna. Was für einen Heiratsantrag?

Tschubukow. Nun ja! Er kam doch, um dir einen Heiratsantrag zu machen.

Natalia Stepanowna. Einen Heiratsantrag? Mir? Warum hast du mir das nicht früher gesagt?

Tschubukow. Hat doch deshalb den Frack angelegt. So ein Bratwürstel, so eine Schmutznase!

Natalia Stepanowna. ***Mir*** einen Heiratsantrag? Ach! (Sie fällt in einen Armstuhl und stöhnt.) Man soll ihn zurückbringen! Ach! Zurückbringen!

Tschubukow. Wen zurückbringen?

Natalia Stepanowna. Schneller, schneller! Mir ist schlecht! Zurückbringen! (Hysterischer Anfall.)

Tschubukow. Was gibt es denn? Was ist dir? (Er faßt sich an den Kopf.) Ich bin ein unglücklicher Mensch! Ich erschieße mich! Ich häng' mich auf! Man quält mich zu Tode!

Natalia Stepanowna. Ich sterbe! Zurückbringen!

Tschubukow. Pfui! Gleich, heul' nicht! (Er läuft durch die Mitte ab.)

Natalia Stepanowna (allein; stöhnt). Was hat man mir angetan! Bringt ihn zurück! Bringt ihn zurück!

Tschubukow (kommt gelaufen). Sofort kommt er und dergleichen. Der Teufel hol' ihn! Uf! Sprich du selbst mit ihm, ich will es nicht und dergleichen.

Natalia Stepanowna (stöhnt). Zurückbringen!

Tschubukow. Er kommt, sagt man dir. »O, Schöpfer! welch' eine Aufgabe ist es, Vater einer erwachsenen Tochter zu sein!«[1] Ich schneide mir den Hals durch! Bestimmt schneide ich mir den Hals durch! Man hat den Menschen ausgezankt, beschimpft, hinausgejagt ... und das alles hast du getan ... du!

Natalia Stepanowna. Nein, du! Du hast keine Manieren und bist grob! Wenn nicht du – er wäre nicht fortgegangen!

Tschubukow. Na ja, ich trage Schuld! Aber warte nur, Gevatterin, und dergleichen, wenn ich mich erschieße oder aufhänge, so wisse, daß du Schuld trägst! Du hast mich dazu gebracht! Nur du! (In der Tür zeigt sich Lomow.) Da, rede selber mit ihm! (Er geht ab.)

Lomow (tritt erschöpft ein).

[1] Aus Gribojedows: »Wehe den Gescheiten.«

Sechster Auftritt.
Natalia Stepanowna. Lomow.

Lomow. Schreckliches Herzklopfen... Das Bein ist gelähmt... In der Seite zuckt es...

Natalia Stepanowna. Verzeihen Sie, wir haben uns ereifert, Iwan Wassiljitsch... Ich erinnere mich jetzt ... die Ochsenwiesen gehören tatsächlich Ihnen.

Lomow. Das Herz klopft schrecklich... Meine Ochsenwiesen... Beide Augenlider zucken... (Sie setzen sich.) Wir hatten unrecht... Mir ging es um das Prinzip... Das Grundstück ist mir nicht teuer, aber das Prinzip ist mir teuer...

Natalia Stepanowna. Eben das Prinzip. Wollen wir von etwas anderem sprechen.

Lomow. Um so mehr, da ich die Beweise besitze: die Großmutter meiner Tante hat den Bauern des Großvaters Ihres geehrten Vaters...

Natalia Stepanowna. Genug, genug davon... (Beiseite.) Ich weiß nicht, womit zu beginnen... (Zu Lomow.) Gehen Sie bald auf die Jagd?

Lomow. Ja, auf den Birkhahn, verehrte Natalia Stepanowna. Nach der Ernte gedenke ich zu beginnen. Ach, haben Sie gehört? Denken Sie sich nur, welches Unglück! Mein Hund Ugadai, den Sie doch kennen, hinkt!

Natalia Stepanowna. Wie schade! Warum denn?

Lomow. Ich weiß es nicht... Vielleicht ist es eine Verrenkung, oder andere Hunde haben ihn gebissen. (Er seufzt.) Der beste Hund, vom Geld schon nicht zu reden! Ich habe doch dem Mironow 125 Rubel für ihn gezahlt.

Natalia Stepanowna. Das ist überzahlt, Iwan Wassiljitsch.

Lomow. Nach meiner Meinung ist er sehr billig. Ein herrlicher Hund.

Natalia Stepanowna. Papa hat für seinen Otkatai 85 Rubel gegeben, und Otkatai ist doch viel besser als Ihr Ugadai.

Lomow. So ... Otkatai ist besser als Ugadai? Was Ihnen einfällt! (Er lacht.) Otkatai ist besser als Ugadai!

Natalia Stepanowna. Natürlich besser! Otkatai, es ist ja wahr, ist noch jung, er hat noch nicht geworfen, aber in der Meute und auch an der Leine mit zwei, drei anderen gibt es keinen besseren als ihn, selbst beim...

Lomow. Erlauben Sie, Natalia Stepanowna, Sie übersehen aber, daß er einen kurzen Unterkiefer hat und daß ein Hund mit einem kurzen Unterkiefer nicht gut schnappen kann.

Natalia Stepanowna. Kurzen Unterkiefer? höre ich zum erstenmal!

Lomow. Ich versichere Ihnen, der untere Kiefer ist kürzer als der obere.

Natalia Stepanowna. Haben Sie denn gemessen?

Lomow. Ich habe gemessen. Zum Laufen taugt er natürlich, ob aber zum Auffangen im Fluge ... das kaum...

Natalia Stepanowna. Erstens ist unser Otkatai von reiner Rasse, Vollblut, er ist der Sohn Sapragajas und Stameskis, und bei Ihrem Buntscheckigen kommt man gar nicht auf seine Herkunft... Dann ist Ihrer alt und häßlich wie eine klapperdürre Schindmähre...

Lomow. Alt, gewiß! Ich nehme für ihn keine fünf Ihrer Otkatais... Kann man das aber auch? Ugadai – ist ein Hund und Otkatai ... es ist lächerlich, zu streiten... Solche wie Ihren Otkatai findet man bei jedem Hundehändler so viele, daß man mit ihnen einen Teich füllen könnte.

Natalia Stepanowna. In Ihnen, Iwan Wassiljitsch, sitzt heute ein böser Geist des Widerspruchs. Bald gehören die Wiesen Ihnen, bald ist Ugadai besser als Otkatai. Mir gefällt es gar nicht, wenn ein Mensch nicht das spricht, was er denkt. Sie wissen ja sehr wohl, daß Otkatai hundertmal besser ist als Ihrer ... dieser dumme Ugadai. Warum also das Gegenteil sagen?

Lomow. Ich sehe, Natalia Stepanowna, Sie halten mich für blind oder für einen Narren. Aber begreifen Sie doch, daß Otkatai einen kurzen Unterkiefer hat!

Natalia Stepanowna. Es ist nicht wahr!

Lomow. Ja, einen kurzen Unterkiefer!

Natalia Stepanowna (schreit). Nicht wahr!

Lomow. Warum schreien Sie denn, meine Gnädige?

Natalia Stepanowna. Warum reden Sie solchen Unsinn? Das ist doch empörend! Es ist höchste Zeit, Ihren Ugadai zu erschießen, und Sie vergleichen ihn mit Otkatai!

Lomow. Entschuldigen Sie, ich kann diesen Streit nicht fortsetzen. Ich habe Herzklopfen.

Natalia Stepanowna. Ich habe bemerkt, daß diejenigen Jäger am meisten streiten, die am wenigsten verstehen.

Lomow. Meine Gnädige, ich bitte Sie, schweigen Sie... Mir platzt das Herz... (Er schreit.) Schweigen Sie!

Natalia Stepanowna. Ich werde nicht schweigen, bis Sie nicht zugeben, daß Otkatai hundertmal besser ist als Ihr Ugadai.

Lomow. Hundertmal schlechter. Krepieren soll er, Ihr Otkatai! Die Schläfen... Die Augen... Die Schulter...

Natalia Stepanowna. Und Ihr dummer Ugadai hat es gar nicht nötig zu krepieren, weil er ohnehin wie krepiert ist!

Lomow (schreit). Schweigen Sie! Ich habe einen Herzschlag...

Natalia Stepanowna. Ich werde nicht schweigen!

Tschubukow (kommt herein).

Siebenter Auftritt.
Die Vorigen. Tschubukow.

Tschubukow. Was gibt es denn schon wieder?

Natalia Stepanowna. Papa, sag' aufrichtig, auf Ehr' und Gewissen: welcher Hund ist besser – unser Otkatai oder sein Ugadai?

Lomow. Stepan Stepanowitsch, ich flehe Sie an, sagen Sie bloß eins: hat Ihr Hund einen kurzen Unterkiefer oder nicht? Ja oder nein?

Tschubukow. Und wenn schon! Ist das von so großer Wichtigkeit? Dafür gibt es im ganzen Umkreis keinen bessern Hund und dergleichen.

Lomow. Aber mein Ugadai ist doch besser? Sagen Sie aufrichtig!

Tschubukow. Regen Sie sich nicht auf, Schätzbarster!... Gestatten Sie... Ihr Ugadai hat eben seine guten Eigenschaften... Er ist von guter Rasse, hat kräftige Läufe, starke Lenden und dergleichen. Aber der Hund, wenn Sie es wissen wollen, mein Bester, hat zwei Mängel: er ist alt und hat einen kurzen Unterkiefer.

Lomow. Entschuldigen Sie, ich habe Herzklopfen... Sprechen wir von Tatsachen ... wollen Sie sich erinnern, auf Maruskins Wiesen ging mein Ugadai mit den gräflichen Raswachai Ohr an Ohr und Ihr Otkatai blieb eine ganze Werst zurück.

Tschubukow. Er blieb zurück, weil der gräfliche Aufseher ihn mit seiner Peitsche geschlagen hatte.

Lomow. Er hatte recht, alle Hunde spüren dem Fuchs nach, Otkatai aber hält es für notwendig, ein Schaf zu beißen!

Tschubukow. Das ist nicht wahr ... Liebster ... ich bin reizbar und darum bitte ich Sie, brechen wir diesen Streit ab. Er hat ihn geschlagen, weil jedermann auf einen fremden Hund von guter Rasse mit Neid sieht... Jawohl, alle sind Neider. Auch Sie, mein Herr, sind nicht frei von Sünden! Kaum bemerken Sie, daß der Hund eines andern besser ist als Ihr Ugadai, so fangen Sie gleich an ... dies ... jenes ... sein ... mein ... und dergleichen... Ich erinnere mich genau an alles!

Lomow. Auch ich erinnere mich!

Tschubukow (nachäffend). Auch ich erinnere mich ... woran erinnern Sie sich?

Lomow. Herzklopfen... Das Bein ist gelähmt... Ich kann nicht...

Natalia Stepanowna (nachspottend). Herzklopfen ... was sind Sie für ein Jäger? Sie sollten in der Küche auf dem Ofen liegen und Schaben erdrosseln, aber nicht Füchse jagen! Herzklopfen!...

Tschubukow. Wahrhaftig, was sind Sie für ein Jäger? Mit Ihren Krankheiten sitzt man zu Hause und baumelt nicht herum auf dem Sattel. Wenn Sie noch ein Jäger wären, aber Sie fahren doch nur deshalb herum, damit Sie über Hunde anderer streiten, die Leute stören und dergleichen. Ich bin reizbar, lassen wir dieses Gespräch, Sie sind nämlich kein Jäger!

Lomow. Sind ***Sie*** denn ein Jäger? Sie fahren doch nur aus, um sich beim Grafen einzuschmeicheln, um zu intrigieren... Das Herz... Sie Intrigant...!

Tschubukow. Nun und wenn ich ein Intrigant bin? (Er schreit.) Schweigen Sie!

Lomow. Intrigant!

Tschubukow. Bube! Junger Hund! Wandelnde Apotheke!

Lomow. Alte Ratte! Jesuit! Ich kenne Sie genau!

Tschubukow. Schweig! Sonst schieße ich dich nieder ... mit dem schlechtesten Gewehr, wie ein Rebhuhn! Geck! Taube Nuß! Tagedieb!

Lomow. Alle wissen, daß – ach! Das Herz! – Ihre selige Frau Sie geprügelt hat... Das Bein ... die Schläfen... Funken... Ich falle um, ich falle...

Tschubukow. Und du stehst unter dem Pantoffel deiner Beschließerin!

Lomow. Hier ... da ... da ... ist das Herz geplatzt. Die Schulter ist fortgerissen... Wo ist meine Schulter?... Ich sterbe. (Er fällt in den Fauteuil.) Den Doktor! (Ohnmacht.)

Tschubukow. Bube! Gelbschnabel! Geck! Mir ist schlecht! (Er trinkt Wasser.) Übel ist mir!

Natalia Stepanowna. Was sind Sie für ein Jäger? Sie können ja nicht einmal zu Pferd sitzen! (Zum Vater.) Papa, was hat er? Papa, sieh hin, Papa! (Sie jammert.) Iwan Wassiljitsch! Er ist tot!

Tschubukow. Mir ist schlecht! Der Atem versagt mir!... Luft!...

Natalia Stepanowna. Er ist tot! (Sie schüttelt Lomow am Ärmel.) Iwan Wassiljitsch! Iwan Wassiljitsch! Was haben wir angerichtet? Er ist gestorben! (Sie sinkt in den Fauteuil.) Den Doktor! Den Doktor! (Hysterischer Anfall.)

Tschubukow. Ach!... Was gibt es denn? Was fehlt dir?

Natalia Stepanowna (stöhnt). Er ist tot!... Tot!

Tschubukow. Wer ist gestorben? Wer ist tot? (Auf Lomow hinsehend.) Wahrhaftig, er ist tot! Gerechter Gott! Wasser! Den Arzt! (Das Glas an Lomows Lippen haltend.) Trinken Sie!... Nein, er trinkt nicht... Er ist also tot und dergleichen... Unglückseligster Mensch, der ich bin! Warum jage ich mir keine Kugel in die Stirn? Warum habe ich mir bis jetzt noch nicht den Hals durchgeschnitten? Worauf warte ich noch?

Gebt mir ein Messer! Gebt mir eine Pistole! (Lomow bewegt sich.) Es scheint, er kommt zu sich... Trinken Sie Wasser! So...

Lomow. Funken... Nebel... Wo bin ich?

Tschubukow. Heiraten Sie! Schnell ... und zum Teufel... Sie willigt ein! (Er vereinigt die Hände Lomows mit denen Natalias.) Sie ist einverstanden und dergleichen. Ich segne euch und dergleichen. Aber laßt mich nur in Ruh'!

Lomow. He, was? (Sich erhebend.) Wen?

Tschubukow. Sie ist einverstanden! Nun? Küßt euch und ... und der Teufel mit euch!

Natalia Stepanowna (stöhnt). Er lebt... Ja, ja, ich bin einverstanden...

Tschubukow. Küßt euch!

Lomow. Eh? Wen? (Er und Natalia Stepanowna küssen sich.) Sehr angenehm... Erlauben Sie, um was handelt es sich? Ach, ja ... ich verstehe ... das Herz ... die Funken... Ich bin glücklich, Natalia Stepanowna... (Er küßt ihr die Hand.) Das Bein ist gelähmt...

Natalia Stepanowna. Auch ich bin glücklich...

Tschubukow. Uf ... ein Berg von den Schultern... Uf!

Natalia Stepanowna. Und doch, geben Sie wenigstens jetzt zu, Ugadai ist schlechter als Otkatai.

Lomow. Besser!

Natalia Stepanowna. Schlechter!

Tschubukow. Nun beginnt das Familienglück! Champagner!

Lomow. Besser!

Natalia Stepanowna. Schlechter! Schlechter! Schlechter!

Tschubukow (strengt sich an, sie zu überschreien). Champagner! Champagner! Champagner!